EL PANORAMA ECONÓMICO DE LOS ESTADOS UNIDOS

EL PANORAMA ECONÓMICO DE LOS ESTADOS UNIDOS

Rafael Mota

Para realizar pedidos de este libro, contacte con:
Xlibris
1-888-795-4274
www.Xlibris.com
Orders@Xlibris.com
744416

EL PANORAMA ECONOMICO DE LOS ESTADOS UNIDOS./US ECONOMIC PANORAMA.

El panorama economico de los Estados Unidos esta siendo visto con optimismo por los inversionista a pensar de la sobreproduccion. La Economia a pesar de todo tiene su pro y su contra y es que de caer la produccion nos llevaria a una depresion economica y su pro es que tambien nos podria llevar al progreso, si la politica economica aplicada por los politicos es exitosa.

Hasta el momento la politica economica es dirigida por lo que se conoce como el discovery act que consiste en conjunto de medidas economicas tendentes a la recuperacion economica de los Estados Unidos optadas despues de concluida la recesion de los anos 2007-2009-En el 2010 la economia pasa a lo se conoce como recovery que a pesar de algunas alzas y bajas se mantuvo hasta el 2012 y ya para el 2013 fue decretada la recesion por la cual estamos pasando (la recesion tecnicamente paso en el mes de abril, dando paso a una expansion caracterizada por un gran endeudamiento y el secuestro del presidente atraves del presupuesto con un control del congreso de las emisiones monetarias) y la cual tiene como base el ano 2013 y el ano 2015 como ano limite del ano base, aunque la recesion concluye antes de la planificacion economica realizada hasta el 2015. Las crisis economicas de los estados unidos casi siempre van acompanadas por la Guerra lo que genera un estado de economia y Guerra en la relaciones este-oeste. Ahora es Siria y Corea de Norte que se reflejan como Guerra mayores y otras guerras menores que se reflejen en el mundo contemporaneo.

Lo cierto es que los Estados Unidos necesita reestructurar su sistema economico por ejemplo solamente en este pais se conoce la sobreproduccion y da la casualidad que el congreso no tomo en cuenta el subsidio (el gobierno realizo un subsidio de un 50% a los industriales atravez del income tax. La despreciasion industrial fue de 5,000 dolares por maquina) de los industriales despues de la depreciacion economica con los fines de controlar los indices inflacionarios en la nacion. El congreso opto por una politica monetaria economica congraciandose con el sistema bancario el cual dicho sea de paso no esta al dia con el 10% una practica economica bancaria que deviene del 1982.

El gobierno confia en una politica fiscal encaminada en bajar los impuestos, incrementar los gastos del gobierno y incrementar el gasto privado.

El gobierno confia en estas politicas economicas y medidas fiscales para estabilizar automaticamente a los Estados Unidos. Asi es que el problema de la economia nacional esta en la sobreproduccion y el benchmark, algo que hay que solucionar en la economia debido que es un proceso economico que solo se conoce en la economia norteamericana.

LA ESTABILIDAD ECONOMICA DE LOS ESTADOS UNIDOS

El proceso de estabilidad economica de la nacion Americana antecedio el proceso de la automatizacion de la economia. Un proceso que resulto en el control del presupuesto por el congreso y la emisiones monetaria y esto es conocido parlamentariamente como sequester. Todo ha tenido como resultado un manejo controlado de la economia al que se catalogado como moderado por el jefe de la reserva federal quien en funciones ha invertido billones de dolares en bonos teniedo una ganancia moderada de mas o menos 85 millones de dolares. La economia se ha comportado tambien moderadamente con un inflacion de un 2%. La economia se ha caracterizado tambien por un gran consumo ante una gran porduccion que introdujo al DJI en indices nunca antes vistos en la historia economica de los estados unidos. Este indice ha obscilado entre los 15,000 y los 16.000 puntos, Esto tambien indica una gran resposabilidad de los industriales en el proceso economico debido a la delicadeza de la economia en caso de los indices del consumidor bajen. Esto tambien consistiria en subisidios y prestamos a los industriales por parte del gobierno el cual cuenta tambien y a pesar de la expansion economica con un gran deficit fiscal.

EL ESTIMULO ECONOMICO A LOS INDUSTRIALES POR DEPRECIACION.

El gobierno durante la crisis financiera del 2007-2009-le otorgo durante la epoca de declaracion de impuesto un 50% en el income tax a los industriales y la depreciacion o benchmark fue de 5.000 dolares por maquina. Es decir que las maquinas se desgastan con la produccion y requieren ser cambiadas para seguir produciendo. Si ese 50% no era lo justo los empresarios tuvieron que tomar prestamo para el reemplazo de la maquinaria para seguir produciendo. Y evidentemente han metido a la economia norteamericana en indices economico nunca antes visto en la historia de la produccion. De ese modo el DJI ha obscilado en los 15.000 y los 16.000. Esto es delicado desde el punto de vista economico porque de caer la produccion nos podria llevar a otra crisis o nos podria llevar a un progreso siempre y cuando los politicos que estan manejando el asunto, manejen los movimientos economicos sabiamente. Un estimulo adecuado a los industriales significaria adecuar o regular la inflacion. Asi que benchmark es solamente conocido en el sistema economico de los estados unidos y es propicio manejarlo con el estimulo en todo tiempo, pero muy especialmente en los tiempos de la superproduccion como un medio de regular la inflacion.

LOS INVERSIONISTAS Y LA VENTA DE BONOS.

Los inversionista tuvieron sus dudas en el Mercado despues que se anuciara una intervencion a Siria. Sinembargo el clima politico para septiembre 1, 2013 lo han hecho mirar con mas optimismo el Mercado de bonos, el cual ha bajado motivado al dinero invertido por el gobierno en es menester. En relacion a esto el interes bancario ha bajado, tambien motivado por el benchmark en el Mercado de bonos. Los inversionistas estan en espera de un estimulo y esto requiere que el FED ponga dinero corriente a circular de acuerdo a la nota bancaria, asi es que los niveles de inflacion han estado controlado con la venta de bonos y la moneda circulante. Asi es que los inversionista no presentan mucha queja a pesar de haber caido la produccion en los 14.000 segun los indices del DJI. Todavia la economia esta fuerte y puede soportar cualquier correccion economica que se presente entre los inversionistas y el gobierno. Los paises de la Union Europea acaban de salir de una recesion y hay optimismo de que la economia entre en una etapa de recuperacion. El average del cambio de monedas internacionales (the foreing exchange) podria ser alterado como resultado de una temporal balanza de pagos (balance of payment) y esto implica el comercio y las inversiones en el exterior y el estado podria realizar gastos como por ejemplo la Guerra y otros gastos que se presenten debido a la devaluacion de la moneda en el pais tanto en moneda en metal o papel moneda y esto es nominal como resultado de obtener demasiado dinero anteriormente ya que la moneda en cambio soportada por la plata tiende al oro como resultado de los dos metales debiene la flutuacion por estar alterada la parida entre los dos metales.

EL VALOR DE LA MONEDA

El valor de la moneda en la tasa de cambio internacional y mas concretamente el valor de dollar en el Mercado de divisas en el exterior, ya tiene que ver con la importacion y la exportacion.
Los estados unidos tiene un deficit de alrededor de 38 billones de dolares por motivo a la importacion y tiene un deficit con china que sobrepasa los 35 billones de dolares.
La nacion hasta proxima a girar un estimulo (para el mes de septiembre 2013) y esto es visto con beneplacito por los inversionistas. La moneda con relacion al dollar no da indicio de estar devaluada pero hay que tomar en cuenta que muchos paises adquirieron el dollar como medio de cambio en la importaciones y las exportaciones. Esto hace que el valor del dolar aun este vigente mas o menos fuerte en los mercados internacionales donde se ha aplicado el fenomeno economico pound con un valor de sobre un dollar en el intercambio de mercancia en el Mercado exterior. El valor del oro esta condicionado a precio tope de mas de dos mil dolares. Estados Unidos lograba la paridad con la

plata. Asi es que metal lograba la paridad con un indice de mas de 3.50 con relacion al oro. Los negocios internacionales continuan logrado una demanda elastica unitaria de un 3% con relacion principalmente al desarrollo economico de los estados unidos y los demas paises del mundo.

LA EXPANSION ECONOMICA Y LA POSIBLE CRISIS FINANCIERA.

Los Estados Unidos esta en una expansion economica en momentos que se advierte una posible crisis financiera.

En estos momentos septiembre 13 del 2013 la economia esta sobreproduciento en un consumo que ha bajado a pesar de que la produccion esta alta (el DJI esta por los 15.000 para la fecha). Se evidencia en la Guerra de monedas de cambio internacional una baja del oro en los 600.00 debido a la politica monetaria del FRB en cuanto a la compra de bonos y a sabiendas que se abrio una paridad de la moneda de patron oro en mas o menos de unos 2.500 dolares para evitar la inflacion motivado al cambio de la moneda en los mercados internacionales. Los interses bancarios han subido, mientras que la venta de bienes raices ha bajado ante una intervencion del gobierno de convertir la problematica en un caso de oferta y demanda. La inflacion se calcula en un 3%; mientras que el crecimiento de la economia esta en 2.5%. Los salarios de 200.000 dolares se ven afectados debido a la alza de los precios. Estos salarios son fundamentales para mantener el sobre-consumo de la sobreproduccion que esta viviendo America, ante una expansion economica condicionada a la alza de precios y amenazada a otra posible crisis financiera siempre y cuando los industriales pierdan el control de la produccion debido a una baja del consumo. La economia tambien esta sensible a entrar en Guerra debido a los problemas sobrepoductivos y a los subsidios del gobierno por el desgate instrumental de la produccion o lo se conoce como benchmark-Sin esos subdios los industriales se verian en la necesidad de tomar prestado a la banca la cual para la fecha aumento los intereses bancarios. Sin esos detalles se hace imposible la produccion y el gobierno estaria siempre en la posibilidad de intervenir el comercio que esta en manos de los industriales por la super-produccion ahora en expansion y donde la oferta y la demanda de la produccion no se encuentran y lo que hace posible la especulacion en el Mercado y la posible crisis financiera.

Por lo pronto el desempleo se encuentra para la fecha, alrededor de un 7%. Y en cuanto a la Guerra de monedas en el Mercado internacional el dollar esta aun estable, considerandose tambien que pierda terreno ante el euro ante el Mercado de cambio de divisas, eso afectaria el PNB de la nacion Americana cuya intervencion proteccionista se ha inclinado a la compra de bonos y se veria afectado el S&P por el Mercado internacional de divisas.

LOS PRECIOS AL CONSUMIDOR - LA CANASTA FAMILIAR.

El periodico Hoy de Santo Domingo, reporto a mediado del mes de septiembe del ano 2013 un estudio hacerca de la canasta familiar de los E.U. El reporte indica que el desempleo esta alrededor de un 7% y estima una desaceleracion en el area de los empleos, estima una inflacion que rodea el 2.5%.

La canasta familiar estuvo en el 3.% en ano 2012 epoca de expansion en la economia de los E.U. ahora el reporte coloca estos datos en un 2.5%. Segun estudios la Economia norteamericana avanza de una manera irregular. Existe tambien una inflacion que esta por los 2.5%. La economia no reporta alguna deflacion economica.

Para el ano, 1985 exirtian en los E.U. 70 millones de personas y sobre 43 millones eran benficiarios de la seguridad social, cerca de 22 millones eran recipientes de cupones de alimento y aproximadamente millones eran militares del servicio civil federal, retirados y sobrevivientes. Mas de 3 millones de trabajadores estaban cubiertos por un programa colectivo, y 24 millones de ninos que comen en la escuela basado en el almuerzo. Los precios al consumidor conocido en ingles con las siglas CPI era usado para ajustar el codigo federal de los impuestos-federal income tax segun los indices de 1985 (consulta:everyday economic statistics by Clayton y Martin G. Giesbrech). En la actualidad la inflacion no esta volatil pero se mantiene alrededor del 2.5% y esto segun el estudio esta afectando la clase media la cual va en camino de desaparecer o entrar en la pobreza. Se espera un estimulo a la economia y hojala sea relacionado con la depreciacion puesto que este puede regular la inflacion abriendo aunque sea un poco los mercados; de paso apple esta introduciendo tecnologia en Rusia, la cual le reportara grandes ganacias. Por ahora es la unica transnacional de la cual se tiene noticia financiera y la cual corre el peligro del antitrust relacionado al monopolio.

EL DESEMPLEO ESTRUCTURAL EN LOS ESTADOS UNIDOS.

Para septiembre 26 del 2013 existe en norteamerica un desempleo de un 7.3%, la produccion esta por los 15,000 en el DJI. Lo que indica que la economia esta sobreproduciendo en escenario economico donde la oferta y la demanda no se encuentran. De esa manera genera los males del desempleo por ejemplo y la inflacion. En este caso la inflacion es ciclica como tambien el desempleo. Por lo visto el desempleo esta afectando a los trabajadores que no tienen ninguna preparacion academica, lo indica que estos tendran que aprender un oficio para que desempleo sea de corta duracion de lo contrario pasaran un minimo de tres anos sin empleo. En esa etapa de desemleo estructural esta la economia de los estados unidos donde el desempleo es tambien ciclico y de corta duracion siempre se tomen en cosideracion las caracteristicas del desempleo estructual por el que pasa la nacion estos momentos de super-produccion y sobre-consumo y un desempleo que afecta a clase trabajadora sin ninguna preparacion academica, lo que hace que del desempleo fluctue y que el desempleo sea de corta duracion, asi es que la bola esta en el departamento del trabajo y que este realize los esfuerzos de preparar o orientar a los trabajadores para un Nuevo trabajo para enfrentar el desempleo estrutuaral que vive la nacion Americana.

LA SOBREVALORIZACION DE LA PRODUCCION.

Para el dia 28 de septiembre del 2013, es cuando la noticia de que la economia de los estados unidos estaba overvalueted o sobrevalorizada, donde las grandes empresas se encuentra incoforme con la baja del consumo. The consume sentiment o el consumo sentimental esta en la actualidad en un 3%, La misma estadistica pore centual desde cuando la economia empezo a crecer o expadirse en el 2012. Desde entonces el promedio del consumo ha estado en los 2.50% y los 3%. La clase media es de primer orden en el consumo masivo y esta por la inflacion imperante ha empezado a decreser o ha mantenido el mismo margen de consumo. Asi es que los consumidores en que la economia ha estado basada es en los salarios de 200.000 dolares que es el que procede para medir el margen de desarrollo economico de la nacion y este obscilaba en un 2.50%.

Sinembargo el actual panorama economico esta controlado por el congreso de los estados unidos que tiene una deuda de un poco mas de 16 trillones de dolares. A la vez el congreso tomo la medida de hacer un presupuesto de corto plazo, a esto se le conoce como un shutdown economico el cual afectara un programa de seguro de salud conocido como Obamacare que empezaria en enero y esto sera restringindo por el momento por medidas del congreso y el ceiling economico de la deuda. Asi es que todo anda bien por el momento y si la produccion decae habran ciertos problemas caracterizados por la sobreproduccion basado en una caida de la super-consumo y la apatia de los inversionistas que procuran mayores ganancias en un proceso productivo donde la oferta y la demanda no se encuentran debido a la super-produccion. Asi tambien el Sector bancario ha estado obteniendo grandes gananacias en un proceso economico donde ellos exigen que se le page por concerto de interes y capital de los que hallan incurrido en deuda crediticia.

LA DECISION DE UN SHUTDOWN A CORTO PLAZO

El congreso dejo para despues el Obamacare para establecer un impuesto a la industria medica. El Obama care entrara en vigor aproximadamete para 2014 por decision del congreso quienes gastaran billones de dolares con la tambien decision de cerrar algunas de las oficinas gubernamentales a al media noche de acuerdo a la noticia de los diarion del 30 de septiembre de 2013.

La decision del shutdown a corto plazo, consiste brevemente sobre la perdidas que tienen o tendaran las empresas las que pretenden maximisar las ventas ante la experiencia de las perdidas y esto es considerado un shutdown de las operaciones de la empresa en question y estas ademas tendran que trabajar on un costo fijo que funciona en las compras, el espacio y los equipos de la fabrica. Esto hara que los costos sean variables que determinan el shutdown. De modo que cuando la firma tenga costos menores las ganacias o entradas relacionadas a la ganancia serian maximizadas por el nivel de la salida de ventas, de esa manera la firma no entrara en shutdown a corto plazo. (consulta cliffs quik review economics). Asi es que el congreso consivio el shutdown y es el control, un poco de los indices de inflacion, el benchmark o la depreciasion por degaste instrumental de los industriales y el gobierno reciviria mas dinero en impuestos a la vez que la economia a pesar de los problemas de sobreproduccion y sobre-consumo estaria buscado la nacion sanear su economia con el shutdown.

E.U BUSCADO SOLUCION AL LIMITE DE LA DEUDA.

Parece que no existe un sentido comun en el congreso y el poder ejecutivo que encabeza Obama quien busca intruducir el Obamacare en medio de una crisis crediticia. El lawmaker parece que llego en tener exito en que se apruebe para octubre 1, 2013 el Obamacare que no es mas que mas impuestos al trabajo. Es evidente que esto perjudica el trabajo y los salarios principalmente de los trabajadores, de ello los trabajadores de Wallmart se declaron en contra del Obamacare, este ha empezado a fluir en ciertos estados. Sin embago segun se conoce el cogreso advierte una gran recesion economica y declara un debt ceiling de aproximadamente 16 trillones de dolares y 60 millones o billones cada mes.

Esta crisis congressional se debe al shutdown que promueve el cierre de alguna oficinas del gobierno y recortar los salarios de algunos trabajos federales, asi como un impuesto a la industria medica y considera el Obamacare a un corto plazo como el 2014.

El shutdown esta caracterizado brevemente resumir las deudas y subidiar a la industria con varios billones para garantizar la variedad de precios del Mercado tras la salida de mercancia y evitar las perdidas de los industrias ante un panorama economico donde todo puede suceder ante la perdida industrial. La economia esta sobreproduciendo y la clase media, esta por pasar a los indices de pobreza en su capacidad de pago y consumo, asi que la produccion de lujo esta en los salarios de 200,000 en adelante lo que podria recaer el desarrollo de economico de la nacion Americana.

Ante todo este escenario economico caracterizado por el debt ceiling el fondo monetario internacional (FMI) observa.

Nota: el Obmacare fue descalificado y se preconcivio la atencion medica para aquellas personas que califiquen con los ingresos del incon-tax.

LA TEORIA DE LA FIRMA Y EL SHUTDOWN.

Para que halla un shutdown el la firma se require que esta este experimentando perdidas en el Mercado. Esto ocurre comunmente cuando existe monopolio o oligopolio en Mercado y cuando estos se encuentran en competencia perfecta y es necesaria la publicidad para promover los productos en el Mercado a sabienda que existen productos semejantes en el Mercado que tendran que salir o ser introducidios con una marca, debido a la competencia de los productos en el Mercado. Ante todo esto en el short run las empresas o las firmas en cuestion necesitan obterner ganancia al maximo y por esa razon procuran optimizar las ganacias con los productos que salen al Mercado. Esto afecta al capital y al trabajo y por ende al interes bancario y a los salarios que salen del factor trabajo. E El interes bancario sube cuando los empresarios tienen que recurrir a el y por esa razon el gobierno estima estimular las empresas y declarar un shutdown para favorecer las empresas que estan teniendo perdidas. Asi que el shutdown procura tambien tener precios variables y los salarios se acortan debido a la inflacion. tambien la firmas procuran la elasticiadad de la oferta basado en la demanda y oferta del demanda, siendo la ofeert por unidad y la demanda elastica donde los individuos tienen a varios precios basado en la demanda que obtengan la demanda de la firma por la salidas de las unidades del producto que sale a la venta en Mercado dentro una relacion establecida por la competencia perfecta del Mercado.

Brevemente para que firma declaren un shut down requiere estar teniendo perdidas, asi que algunas companias tendran reducirse o desaparecer del Mercado y por provoca el desempleo en cual era hasta hace poco de corta duracion por lo que se conece como desempleo estructural. Esperemos que no halla un anti-trust por la caracteristicas del Mercado basado en los monopolios y los oligopolios que la competencia perfecta del Mercado. Asi es que para el mes de diciembre, 2013 se acercan los impuestos a lo que empresarios aportaran grandes sumas debido a la variedad de precios en el Mercado. De manera que la economia sigue sobreroduciendo y lo que caracteriza el mercado y la firma es la demanda en un Mercado prefecto de competitividad en el Mercado.

LOS CICLOS ECONOMICOS

La expansion economica se reflejo en los margenes del S&P a finales del 2012, desde ese punto se consivio una expansion economica hasta que las noticias economicas del 5 de octubre continuaba el femeno del shutdown por las perdidas de la empresa y la salida de la venta de las mercancias, en un panorama caracterizado por la sobre produccion. Los inversionista ya estan teniendo disconformidad con el cierre del gobierno y advierten una recesion que seguira al shutdown. Con la situacion actual el Producto Nacional Bruto no ha sido tocado y los medios destancan varios empresas transnacionales como apple, chase, well fargo entre otras. El producto nacional bruto lo compones las grandes empresas o monopolios donde se plantea la competencia perfecta en los mercados, no obstante el actual Producto Nacional Bruto se expectaba en las fases de los ciclos economicos, en prosperida y si las firmas quieren que baje la economia declarando una recession es para tratar la actividad de los negocios de acuerdo al producto nacional bruto, en lo que concierne a los ciclos economicos cuyas fases son prosperidad, recesion, depresion y recuperacion economica y cuando la recuperacion concluye esta pasa de acuerdo a los ciclos economicos a la actividad economica donde realiza una pausa para tratar este termino de acuerdo al producto nacional bruto hasta que pase a un actual prosperidad de acuerdo a un actual producto nacional bruto. Asi es que estos terminos se conocen en economia como las fases de los ciclos economicos. Esta teoria recomienda la innovacion, la oferta de dinero y credito, los factores sicologicos, bajo consumo, esto de acuerdo a los acuerdos alcanzados de acuerdo tambien a los cambios estudiados en la demanda total agregada (consulta Economics. Gerson Antell) Asi es que la bola, esta aun en el congreso que mantiene por corto tiempo algunas agencias cerradas, donde los empleados federales no han recibido para octubre 5, 2013 sus salarios y aun esta enfrentando un limbo con los salario atrasados, aun no se sabe si van a pagar los salarios retroeativos o si habran recortes de salarios a los empleados federales para mantenerlos empleados.

ECONOMIA, GOBIERNO Y INVERSIONISTA

El gobierno y el shutdown van para dos semanas y aun no hay un acuerdo entre empresarios y el gobierno, esto es para el 7 de octubre de 2013. Los inversionistas quien medidas cuantitativa, es decir regular el Mercado con la elasticidad de la oferta y la demanda con relacion a los precios. El gobierno segun inversionista quieren poner en el Mercado trillones de dolares de manera artificial y pretenden otoragar una oferta crediticia a bajo interes, se quejan que hacen cinco anos que el gobierno no estimula economicamente las empresas.

Para la fecha el DJI hizo una pequena baja y de los 15.000 bajo a los 14.000 pero la economia a ese indice sigue sobreproduciendo, con todos los riezgos que hay que enfrentar en este flagelo. El dinero inorganico no es muy bueno debido a la ley de grasham que indica el dinero bueno saca el malo del Mercado. Esto indica inflacion en los mercados que afecte el mal. Sin embargo, los inversionistas buscan una elasticidad en el Mercado quntitativo para vender a varios precios Sus preoductos. Si la elasticidad ellos la logran se estableceria un orden economico basado en la demanda agregada que determinara las perdidas de las empresas. Es factible un estimulo economico a las firmas en question para que el gobierno y los inversionista establescan acuerdos relacionados a la inflacion y al actual estado de cosas.

EL FISCAL CEILING Y LA FALTA DE PAGO POR EL GOBIERNO DE E.U.

El debito de los E.U eran 10 trillones de dolares, cuando el gobierno requeria, mas dinero para cubrir el deficit fiscal. Ante esta situcion el Banco del Tesoro declaro que la Banca no podia suplir mas dinero al gobierno.

La respuesta de la Reserva Federal fue 1 trillon en plantino para darle mas fuerza al dolar en los tratados del comercio internacional. El platino buscaba la paridad de la plata con el oro y Alemania puso una tonelada de oro paraq que FED hiciera negocios con la paridad de la moneda internacional que era lo que necesitaba la politica monetaria de los E.U. para el 1 de enero de 2013. Con esto Alemania cria que la Economia de los E.U trabajaria y haria mas fuerte el dollar para la oferta monetaria y controlar las dificultades de la economia mundial. Para el 2013 el gobierno aprovo un presupuesto de 84 billones (reduciendo el mismo que era de 124 billones) y para entoncs ya el gobierno habia alcanzado el limite de la deuda que era de 16.4 trillones de dolares. Ante esto el Banco del Tesoro recomendo al congreso tomar dinero prestado hasta el 2013. Sin embargo para el dia 12 de octubre el gobierno de los E.U declaro en default la deuda es decir que el gobierno no tiene para pagar la deuda y esto esta dentro del contexto del limite de la deuda donde tenia que pagar para mayo del 2013.

POST-DATA

Para el 2013 el pentagono declino un presupuesto en bonos reducido en un 7.4%, donde los trabajos funcionarian con un recorte de un 5.2% lo que significaba un 2.2% del acta del presupuesto.

LOS MONOPOLIOS Y LA APERTURA DEL GOBIERNO.

Los monopolios o grandes empresas han sido los reposables del shutdown que ha significado perdidas en los negocios, los cuales pretenden seguir produciendo y vendiendo en el Mercado sus productos. Esto habre paso a la competencia perfecta y vender a varios precios. La competencia perfecta y con uso de la publicidad pretende que el consumidor compre a varios precios. Sin embargo la clase media han sido los compradores de casas y los intereses bancarios han hecho que los duenos de casas entregen las casas, teniendo que mudarse.

Todo esto esta acompanado por la sobreproducion, siendo la resposable de la situacion que esta viviendo America y lo que ha dado lugar al benchmark donde el gobierno debio estimular las empresas para regular los precios. Esto pudo ser a medias, con un 50% en el income tax de los industriales, cuya perdida por degaste instrumental fue de $5,000 dolares por maquina.

Los ciclos economicos, han estado sucediendo la economia y ahora la economia podria tomar el riezgo de una recesion economica.

A nivel internacional, China opino que la economia mundial deberia desamericanizar la economia. Esto tiene que ver con el valor de la moneda internacional y el debt ceiling que es un poco mas de $16 trillones de dolares y el default o falta de pago del gobierno norteamericano.

Sin embargo el congreso pretende abrir las agencias afectadas por shutdown el 17 de octubre, del 2013 o para el fin de de semana del mismo mes de octubre. El presupuesto destinado al shutdown fue alrededor de $2 billones de dolares.

Se acercan de Nuevo los inventarios de fin de ano y el mes de diciembre donde se incrementan las ventas y la declaracion de impuestos. Los grandes empresas empezaron a reportar el PNB A partir del mes de octubre. Esperemos en dios que estas empresas reporten grandes ingresos al gobierno a pesar de la declaracion de perdidas y el out-put que los monopolios pretenden realizar en la economia y que de luz al gobierno para salir del debt-ceiling.

LA REAPERTURA DEL GOBIERO

Para el fin de semana de la tercera semana el gobierno norteamericano pretende abrir las agencias gubernamentales afectadas por el shutdown y el debt ceiling.

El debt ceiling estaba en $16.7 trillones de dolares y el Banco del Tesoro pretende aumentar el debt limit para la apertura del gobierno en $17 trillones de dolares. Sin embargo se hace notar que la Reserva Federal imprimio un dinero inorganico en mas o menos $3 trillones de dolares. Esto fue antes del gobierno declarar el default o falta de pago en la segunda semana del mes de octubre del 2013. Asi es que debt limit declado por banco del tesoro para aumentar el limite de la deuda es de $17 trillones. Esperemos que el gobierno este disponible para pagar en parte las deudas contraida y que los trabajadores reciban sus salarios y que los recortes a los salarios sea favorable a que estos se queden trabajando a pesar de un posible recorte salarial.

FIN DEL SHUTDOWN CON LA APERTURA DEL GOBIERNO.

Democratas y Republicanos pusieron fin en la camara alta al shutdown el 16 de octubre del 2013 con acuerdos que incluyen asignar un presupuesto (para gastar) por escala al presidente Obama hasta enero 15, debido al secuester basado en los acuerdos sobre presupuesto del congreso.

Las grandes empresas fueron los responsables del shutdown y la produccion siguio su curso sobreproductivo. Dentro los acuerdos tambien esta el debt ceiling que tiene la posibilidad de incurrir en nuevos prestamos hasta febrero 7 del 2014 en lo que concierne al limite de la deuda. Los Estados Unidos tiene una gran deuda con China y Japon que sobrepasan los $3 trillones de dolares entre ambos paises. El petroleo esta para la fecha a $101 el barril y los estados unidos gasta sobre los $102 trillones de dolares por una dependecia del crudo que requiere acaparar aproximamente el 80% del petroleo que se mueve en el Mercado a nivel mundial. Sin esto el comercio moriria debido a la distribucion del crudo.

Asi es que con el fin del shutdown las grandes empresas o como se les conoce a los monopolios podran hacer competencia perfecta, enfrentar las perdidas y seguir vendiendo debido a que aspiran manternerse en la produccion y buscarle salida a las ventas que realizen en Mercado, los cuales serian a varios precios en beneficio del consumidor, con la competencia perfecta y la busqueda de una oferta y demanda elastica en los precios para mantener un nivel de demanda agregada en la economia de acuerdo a los monopolios y la competencia perfecta.

POST-DATA

Despues de abierto el gobierno el congreso declaro acera del debt ceiling que el limite de la deuda seran $18 trillones de dolares y que el congreso no tenia lo suficiente para afford el default de la deuda.

LOS NEGOCIOS INTERNACIONALES

Los negocios internacionales preefirieron el sistema mercantil para sus operaciones comerciales durante el periodo de 1500's. Los principales propulsores fueron los Ingleses y los Alemanes que hicieron tratados comerciales Con sus companias para aumentar sus riquezas. Las actividades economicas de sus paises aumentaron su liderazgo en los negocios internacionales hasta el siglo veinte. La actividad economica contrajo por un aumento de los tratados que involucraba directamente a las inversiones extranjeras. Una de las operaciones de inversiones corporativas en el plano internacional. Las grandes multinacionales en los paises en desarrollo estuvieron basadas por la actividad economicca de las manufacturas, en los servicios y la agricultura. Los asientos contables oscilaban entre 19,4% en las mercacias que salian al Mercado mundial a finales del 1900's. Los paises en desarrollo del terceer mundo tienen recursos en algunas industrias relacionadas al petroleo, automoviles, recursos minerals como el cobre y la bauxite. Las muntinacionales centran sus negocios en los randes bancos, negocios al por mayor, negocios de ingenieria y companias de construccion y sector servicio. Las multinacionales del sistema mundial estuvo en un proceso de internacionalizacion gusto al sistema de reformas cuando las companias estuvieron en expansion y en proceso de crecimiento que regularmente localizaban sus centrales donde podian vender directamente sus inversiones. Asi que sus socios podian analizar los cambios que estimaba el libre comercio.

Durante 1980"s los estados unidos y la union europea empezaron a estimar sus economias y los paises del tercer mundo entraron en default y en recesion. En terminos genrales la politica de las grandes empresas fue industrial con el crecimiento de la manufactura las cuales hiban a los paises desarrollados. Esto representaba para los paises del tercer mundo la dependencia de las exportaciones y provocaba el endeudamiento en el presupuesto que declino el valor de las expotaciones en 1970

En la balanza de pagos la deuda de los estados unidos era de $500 billones y aumento a $2 trillones, debido a la interdependencia de las naciones en exportacion. Para el 1980 los tratados internacionales de comercio pusieron en negative los prestamos y en 1988 sus efectos fureon la recesion mundial en los anos 1980-1982. El dollar decrecio en valor por el incremento en valor y el flujo de inversion extranjera que trajo grandes inversiones a las naciones. Para 1970 los paises del tercer mundo enfrentaron niveles de inflacion que alcazaron el

73.3% en 1987 y el 185.3% en 1985. Esto produjo problemas en los estados unidos que fueron acompanados de la inflacion y un deficit de 100 billones en 1980. Los estados unidos los tratados comerciales reflejaron una merma en las exportaciones y un crecimiento en las importaciones. Los estadso unidos crearon un deficit con japon en 1980 de $37 billones; 20 billones con Canada y 15 billones con Taiwan. Este era el mayor deficit de los estado unidos con europa y japon. El deficit del presupuesto de lso estados unidos fue mayor a 200 billones en 1988 y esto atrajo la inversion extranjera. Esto contrajo las exportaciones y la importaciones por entonces existian 25 muntinacionales que compran acciones en todo el mundo. Asi la banca en 1980's comenzaron el crecimiento basado en prestamos y acciones.

Despues de 16 recesiones en los 1980's puso en los nacionales el endeudamiento interno de los estados unidos, asi en 1989 empezo el endeudamiento interno con el uso de la tarjeta de credito. Asi empezo la recesion de 1991-2003, 2007-2009. Y la crisis actual de la expansion economica caracterizada por un deficit de 6.7 trillones de dolares. De lo cual el debt celing al limite de la deuda sera de 18 trillones para feb. 7 Del 2013.

CONSULTA: Economic Geography by Truman Harthshorn/John Alexander. Tercera Edicion 1988.

LOS EURODOLARES

Durante el gobierno de Richard Nixon, los estados unidos descontinuaron el pago en oro por el excedente de dolares en el extranjeero. Se elimino el sistema de dinero fijo en el bretton woods por el dinero en dolar que se distirbuyo en Europa. Asi varios paises descuidaron sus deudas y esto trajo el panico en 115 bancos comerciales de los estados unidos, europa occidental y japon. Asi se previo las deudas de Mexico, Polonia basada en 80 millones el primero y 25 millones de dolares el Segundo. El eurodollar unifico a oriente y occidente el norte y el sur por el eurodollar que flujo en medio del panico de aquel momento historico creado por el eurodollar, por el dinero que los estados unidos coloco en los banco extrajeros. De modo que el eurodollar es retenido en el exterior de las frontera estdounidences. Esto provoco el euromercado que opera de acuerdo a las transsacciones en dolares y esto incluye a Asia y el caribe.

El eurodollar lo inventaron los rusos durante la Guerra fria de los 50 a traves del banco narodny de mosco. Los rusos tenian gran cantidad de dollars en bancos londinenses y por el temor que sintierion los rusos de que sus capitales fueran congelados en europa. Asi los europeos solicitaban la moneda y de esa manera nacio el eurodollar. El eurodollar en nuestros dias octubre 2013 es aun una moneda flutuante en europa y valida en los mercados internacionales, a pesar del patron oro y la paridad que tiene que tener esta moneda basada en plata, asi es que las monedas son medidas para el intercambio y el valor de las monedas. El dollar aun esta vijente en los mercados internacionales a pesar de un debt ceilig de 16.7 trillones y la promesa de un limite de credito basado en 18 trillones hasta febrero 7, 2013.

De esa manera las multinacionales, la inversion extranjera y el gobierno tienen la desicion de incurrir en el credito y la inversion. Y con relacion al benchmark no hay por el FED ningun estimulo economico a la vista para la fecha. Los industriales tendrian que llevar sus acuerdos a los monopolios o las multinacionales operando en el Mercado para que todo funcione con relacion a los precios, los trabajos y la inflacion.

EL SECUESTER

El secuester es un termino que existe en los paises donde existe el parlamento, y que tiene como objetivo establecer un presupuesto. En los Estados Unidos no se ha llegado a un acuerdo hacerca de esto. La camara baja y la camara alta solamente han planteado la posibilidad de un presupuesto escalado para el poder ejecutivo que encabeza el presidente Obama. Esto es para la fecha del fin de semana de la tercera semana del mes de octubre. La suma escalada se propone establecer el gasto del poder ejecutivo y establecido por el congreso. Quien tiene como reto el deficit fiscal, el debt ceiling de 16.7 trillones de dolares y con una capacidad de debt limit de 18 trillones de dolares, hasta feb. 7, 2013 (esto ultimo fue acordado por el congreso con el fin del shudown en la tercera semana de octubre-el 16 de octubre del 2013).

En termino actual a la fecha en la economia de los Estados Unidos no hay un presupuesto. Alguna empresas han estado ganando dinero tal es el caso de Google, otros ha reportado perdidas. La sobre-produccion continua y la bola esta en manos de los monopolios que aspiran tener competitividad y establecer la elasticidad de la oferta y la demanda y la demanda agregada despues de establecer el shutdown, algo que establecio el congreso hasta octubre 16, 2013. No hay senales economicas de que el presidente tenga un presupuesto adecuado para gastar, asi es que el secuester el congreso posiblemente lo siga aplicando, despues de haber llegado a un plan tentativo hasta febrero 7, 2013 donde se definira la politica a seguir en un corto plazo que podria ser en un plazo de cinco anos.

Por el momento la nacion necesita del credito y la inversion. Que a proposito las empresas no cuentan para la fecha con un estimulo economico que ya va para cinco anos en que los industriales y grandes empresas no reciven por parte del gobierno.

Asi es que el secuester continuara hasta que el congreso establesca un presupuesto para el gasto del poder ejecutivo

POST-DATA; El Obamacare ha divido a los estados. Algunos aplicaran la ley de salud y otros han aceptado el Obamacare, que para enero 1, 2014 los trabajadores y de acuerdo a sus ingresos y de lo que lo aqueja una emfermedad previa, deberan escojer comprar un seguro de salud y de acuerdo a la composicion familiar, el gobierno prentende ayudar economicamente a los eligibles para esto.

LA ECONOMIA ESTADOUNIDENCE Y LAS INNOVACIONES TECNOLOGICAS.

La economia estaunidence esta teniendo un buen comportamiento con relacion a la competitividad del Mercado. Esto va acompanado de la publicidad en orden de hacer sentir en el consumidor nuevas necesidades. La economia refleja un desempleo de un 7.2% el mas bajo en octubre, 2013 calculando los porcentajes a los cinco meses que anteceden a esta fecha. Los que mas se destacan en las innovaciones tecnologicas son apple, microfot y nokia. Estas grandes empresas lanzaron al Mercado una nueva tablet mas delgada (en el caso de apple), nueva pantalla, lo que hace la competencia perfecta en el Mercado entre estas empresas. Apple hara funcionar su producto a nivel internacional. Mientras que en estados unidos la economia sigue sobreproduciendo, y donde la renta de los margenes de cultivo de la agricultura, acompanan las empresas manufacturera en la productividad, donde los monopolios o las grandes empresas andan en la competitividad economica y hacen uso de la publicidad en la busqueda de la competencia perfecta y buscandole soluciones a la sobreproduccion buscando a ese nivel un margen en la oferta y la demanda y buscando a la misma vez la demanda agregada en la produccion, donde existen actualmente empresas que ganan y otras que pierden en el Mercado capitalista, hoy functional en los estados unidos.

ANNEX II

EL NAFTA Y LA CAMPANA
POLITICA DE DONALD TRUMP

RAFAEL D. MOTA

El Naftla siglas que indentifican el tratado de libre comercio de los Estados Unidos con Canada y finalmente Mexico es tema de la campana politica conservadora personaficada por Donald Trump, quien entre otros temas apoyo en la campana de los noventas a Perot quien era del partido de la reforma y quien, por demas marco la diferencias de votos para que el partido republicano perdiera las elecciones ante Bill Clinton del partido democrata.

Lo cierto que la teoria economica del libre comercio es la teoria global del momento y la nacion ante un gobierno desarrollado por Obama, se ha caracterizado por llevarlo hacia la izquierda, es tambien opuesto al libre comercio puesto que tambien se caracteriza por ser procteccionista.

Donald Trump se opone al nafta en la candidatura pre-campana y pro-presidenciales de la nacion Americana y lo cierto es que cada pais escoje que sistema economico aplicar ya sea de libre comercio o proteccionista, pero esta posicion politica tanto del gobierno de Obama como la de Donald Trump es compresible si se trata de una retaliacion en contra de los trabajadores canadiences que ya encuentran deficiencias de Mercado y laboral en el sistema del Nafta y contra Mexico quienes entre otros avances en su economia, tambien buscan salidas de desarrollo estableciendo conecciones comerciales en el tratado del pacifico.

LA POLICA INTERNACIONAL
CON RELACION A LA SEGUNDA
GUERRA MUNDIAL

POR
RAFAEL D. MOTA

La segunda Guerra mundial fue el escenario militar mas estrategico con relacion al petroleo consebido por el cartel de la opec. La participacion de los judios en la segunda Guerra mundial fue desastrosa puesto que actuaron casi al final de la Guerra, donde Austria participo para la lograr la Victoria de la segunda Guerra mundial, lo precedio un holocausto perpetrado idealizado por la Dr. Merger y consebido por Hitler en la Alemania Nazi de entonces. Asi es el ataque en normandia por los Estados Unidos no puso fin a la Guerra internacional idealiza por Mussolini de Italia cuando ya los aliandos se preparaban su retiro y Alemania se preparaba para porlene fin a la segunda Guerra mundial donde Japon uso por primera vez los aviones teledirigidos y convertirse casi en ganador de la segunda Guerra mundial, pasando a ser de el pais mas pobre del mundo a un desarrollo tecnologico despues de lograr para la epoca su independencia al igual igual que las dos coreas, tambien de ese modo lograron los escadinavos vencer en una ultima batalla a normandia que habia a atacado saint petersburgo, rusia. Ya Rusia habia vencido a Hitler en el ultimo ataque militar de Alemania.

Entonces el mundo se dividio y se organizaron en el pacto de varsovia y la otan logrando que esta ultima agrupara los paises capitalista y la primera los paises socialistas. Hoy dia con la globalizacion economica del sistema mercantil internacional; cambios originado por la perestrolica con la trasformacion de rusia y el mundo contemporeano. Ya antes se habia disuelto el pacto de varsovia y habian aparecido la nato.

El mundo actual se dirige en ese sentido de la segunda Guerra mundial lo que pone relieve de Nuevo una Guerra internacional con relacion a los paises arabes y el petroleo que en verdad es movil de una guerra de mas de 20 anos en el golfo persico lo que ha dado un giro a un desargonizado del socialismo de los paises arabes con la aparacion del terrorismo internacional donde aparece el grupo isis fruto de Al quada que fue desplazado del poder en Afganistan lo que tambien justifica los ataques de rusia siria debido a que Laden siendo aliado de los estados unidos llevo una gerra liberadora contra rusia en la liberacion de afganistan, De esa manera los paises del tercer mundo tienen hoy en su mayoria el raw material de los energeticos que los que los paises industrializados necesesitan y eso incluye a los enegeticos nucleares como ejemplo es el caso de corea del norte hoy en conflicto con la corea del sur debido al desarrollo de las armas nucleares, tema vislumbrado por Donal Trump (en la convencion de meryland) con relacion a Iran que se destaca por tener uranio.

ATTACKMENT

LA CRISIS EN SIRIA

MAS ARMAS PARA SIRIA

Para que mas armas par las fuerzas rebeldes que actuan en la Guerra sectaria de Siria?- Historicamente esta es una posicion anglosajona cuando intervino tiempo atras en Siria. Ahora quieren armar a los rebeldes sirios. Esto no es compresible a no ser por el petroleo que tiene siria a flor de piel, ademas del gas natural que posee y que por los anos de Guerra interna no ha podido seguir desarrollandose, siendo la agricultura y el sistema mercantil su forma economica de gobierno.

Los paises desarrollados, quieren comprometerse ahora (con exepcion de Austria que prefiere las negociaciones de paz en Siria) con armar a los sunnis y chiitas rebeldes en Siria.

Siria cuenta con una poblacion aproximada 8.5 millones de personas y solamente existen un 11% de chiitas en la poblacion arabe de Siria que tiene como presidente a Assad hijo de su padre Hafed Assad y quien tomo el gobierno en 2000 gracias a la muerte de su padre. Los sunnitas representan la escuela ortodoxa islamica y se alia con las fuerzas misticas de Siria y quienes conforman las diferentes escuelas islamicas de Siria, como los immanitas quienes peretenecen a una fraccion de los chiitas despues que se dividiron.

Lo cierto es que Siria tiene una division geografica con el Libano. Iran y Irak con Turkia quienes se caracterizan por su sistema economico mercantil, el mismo sistema del Lybia cuando descubrio tres pozos petroleros en su territorio o Irak cuando intervino Kuwait. La Guerra de Siria parece tener las mismas caracteristicas que la Guerra y los grupos rebeldes de Lybia.

Los Estados Unidos de America se ha convertido en uno de los principales productores de petroleo con una reserva envidiable de combustible, pero necesita el 80% del petroleo que circula a nivel mundial. El proposito es ilogico si se busca destruir el sistema de precios del petroleo que impone el cartel de la opep quienes ya cuentan con menos paises miembros Y eso incluye a paises arabes quienes venden el petroleo independientemente no integradose al sistema de precios del petroleo a nivel internacional. Esto es por si el proposito es destruir la opep y el cartel internacional de precios del petroleo para que los paises desarrollados adquieran el petroleo y el gas natural a menor precio. Y este desorden del petroleo internacional tiene al mundo al borde de la Guerra sistematica. Asi es que el menor error en el medio oriente como la existencia de un brazo de Al Queada en Siria que busca fricionarse a la Guerra con los sunnis, es de atencion por los paises aliados de la Guerra de Irak para instruducir las idea de que hay que armar los rebeldes chiitas y fracciones de sectas adheriadas para que combatan y saquen del poder a Assad. Y es una ironia que los paises en desarrollo en cuestion traten de armar a quienes son sus enemigos en Iran compuesta por una mayoria chiita y que tiene como presidente a Adminajaj quien no es bien visto por los paises desarrollados en question por el uranio que possee su pais y por las pruebas nucleares que lo colocan entre los paises enemigos del desarrollo como tal es el caso de Corea del Norte.

LA POSICION DE EUROPA DE ENVIAR ARMAS A LOS REBELDES DE SIRIA.

Europa parece influenciar atraves de Reino Unido a los Estados Unidos para el envio de Armas a los rebeldes sirios; ahora que la Guerra a tomado un Nuevo matiz y es la posicion de Rusia de enviar armas al gobierno Sirio. Entre todas las estrategias de combate Europa y los Estados Unidos parecen aliarse (con el envio de armas a Siria) con Al Queada que tambien buscan su quartada con su inmiscuision en la Guerra Siria. Al Qaeda busca reclutar a ciertos sunnies para unificarlos a los shiitas quienes estan combatiendo en el conflicto armado. Al Quada tambien esta buscando (aparentemente) armarse a travez de una alianza estrategica con Europa y los Estados Unidos. Y esto serian ya amores viejos debido a la participacion de Osama bin Laden y Al Queda en la Guerra contra Rusia en la invasion rusa a Afganistan. Para entonces Al Quaeda y Osama bin Laden eran aliados a los Estados Unidos. Ahora Rusia esta en el conflicto armado de Siria y cuenta con el apoyo de Iran que es un pais mayoriatariamente shiita que son los mismos Rebeldes en lucha en Siria y a los cuales Al queada busca aliarse con la conquista de algunos sunnis para la lucha armada que se celebra en el pais Sirio.

LA BUSQUEDA DE LA PAZ EN SIRIA

La posicion de Austria ha sido la mas logica y la mas razonable con relacion a la busqueda de la paz en Siria. Ahora Hezbollah el mismo grupo que desde Palestina ataco a Israel con misiles y los cuales recibieron como respuesta un ataque de Israel, estan entrando en la Guerra de Siria. Hezbollah un grupo de ortodoxia chiita al igual que los combatientes de Iran que ahora entran tambien al conflicto de Sira. Ante todo esto el presidente Assad podria relegirse en las elecciones del 2014. Esto ha de tomarse en cuenta en las negociaciones que los grupos rebeldes tienen con el gobierno de Siria en Geneva. Esto es una Guerra de un pais que ha unificado las diferentes sectas Arabe de manera contraria. Y esto no ha sido tomado en cuenta en pais que mayoritariamente Sunni y que cuenta con 8.5 millones de habitantes. Asi es que Israel queda un poco distante del conflicto por la posicion del grupo ortodoxo chiita de Hezbollah ahora presente en el conflicto Sirio. Y quienes toman en cuenta a Israel con relacion a la situacion de Palestina.

RUSIA Y EL ENVIO DE ARMAS A SIRIA.

El gobierno Sirio esta recibiendo por cuotas las armas que le envia Rusia. Esta vez se trata de misiles. Sin embargo todo indica que la Guerra se enmarca dentro del concepto de una Guerra convecional. Israel con la participacion del Hezbollah quiere tambien en Guerra y se ha quejado ante el gobierno de rusia de esta nueva situacion en la Guerra de Siria. Tambien la participacion del Libano con un frente Shiita que uniran a la secta chiita al igual que los alwieth que provienen de la misma secta y que controlan una parte regional donde habitan los sunnis. La verdad es que una posible intervencion de Israel en este conflicto pondria a los Estados Unidos en alerta para una participacion mas belica en el conflicto Sirio. Asi es que ni pensar que este conflicto belico que se desarrolla en Siria hace un poco mas de dos anos no ponga al mundo en una situacion parecida a la Guerra fria entre los Estados Unidos y Rusia con una posible entrada de Israel en este conflicto.

Ojala que no suceda y que a este conflicto belico se le busque una salida diplomatica de paz. Ojala que sea prospera la cumbre de ginebra entre las fuerzas rebeldes y el gobierno Sirio.

RUSIA CONTINUA VENDIENDO ARMAS A SIRIA.

Para mayo 31, 2013 Rusia continua vendiendo armas a Siria. Esta vez realizo envio de aviones de combate y ya esto desperto tambien el interes de Alemania en el conflicto. Declarando que Rusia no deberia enviar misiles al gobierno Siro. Mientra este conflicto sigue despertando el interes de las naciones los chiitas siguen la conquista de los chiitas del Libano donde un brazo armado le brido su apoyo en la frontera con Siria.

Ante todo esto las naciones unidas esta a favor parece ser de un envio de armas a la region y ya los Estados Unidos realizo el envio de un avion no tripulado los nombrados android. Es frustante como interesente la busqueda de la paz en Siria. Que Dios meta su santa mano en esta Guerra y ojala se logre llegar a la paz en esta Santa Guerra de Siria.

EL PELIGRO DE INVADIR A SIRIA

Aun no se ha logrado llegar a un plan de paz, para que los sirios concluyan la Guerra entre ellos. Ahora los E.U. quieren invadir a Siria con el apoyo de los tradicionales aliados de la Guerra del golfo y a esto ya hay que agregar a Alemania, pais ya se ha manifestado en favor de una intervencion militar en Siria. Asi es que la ONU no tiene mucho que decir ante la eminecia de de su actual secretario general quien tiene una amista con Bill Clinton quien ha estado cabildeando en la ONU a la sombra de su secretario general quien tiene una actitud apetecible con los E.U. y quienes han visitado a Siria con una parcialidad en favor de una Guerra Interventora en Siria. No cabe duda que quieren incidir y persuadir la commision permanente de la ONU en favor de la intervencion militar en Siria ya que el actual secretario general implemento el facismo y el comunismo en la politica que la ONU practica a pesar de los esfuerzos que realiza con sus miembros y los ciudadanos del mundo de salud mental en su politica relacionada al otrora recuerdo de la segunda Guerra mundial en una epoca donde el mundo es ya interdependiente con relacion a la globalizacion economica y que pone en riesgo el tradicional aislamiento de los Estados Unidos. Los Estados Unidos ha enviado aviones androi a terrirorio Sirio y el pentagono ha aceptado un envio de 40 aviones teledirigidos a Siria de lo cual disiente Obama quien quiere mas de 400 aviones androi para la posible intervencion a Siria. Lo cierto es que el petroleo se esta cotizando sobre los cien dolares para el mes de agosto del dos mil trece y Siria es un pais que tiene petroleo en su supeficie y lamentablemente entre otra cosas tienen que vivir principalmente de la agricultura. Asi es que como decia un filosofo "donde esta el cadaver, ahi estan los buitres". No cabe duda que en la Guerra de Siria todos quieren del pastel; como susedio en Libia con la excusa de gadafi es pais tenia tres pozos petroliferos y los rebeldes se movieron en ese sentido vendiendo aceite de petroleo costeaban la Guerra en contra de gadafi porque ya les estorba un ex-terrorista y exliado de los E.U., despues de habar desarrollado a Gadafi y su vinculo al poder de Libia por mas de cuarenta anos. Rusia esta favor de Assad a quien se le culpa de atacar con armas quimicas a los rebeldes sirios, asi es que esta Guerra seria un "major war" siempre y cuando se desarrolle una intervencion militar, y cual promete que se desarrollen otras "minor Wars" en la region donde todos quien del pastel y esto no desvicula al grupo terrorista Al Qaeda quienes son los resposables del reclutamiento de los Rebeldes en las frontera de Siria.

PRESIDENTE SIRIO RESPONSABILIZA A GRUPOS TERRORISTA DEL ATAQUE QUIMICO.

El presidente Sirio resposabilizo a grupos terrorista del ataque con gases quimicos, que dicho sea depaso afecto a la poblacion civil, principalmente a la poblacion infantil. Los medios de comunicacion desplegaron esa noticia que resulto atroz y parecido a un hi-olocaustro cuando los medios televisivos emitieron las imagines de ese hecho transcendental que ha influido en el interes de una invasion a Siria. El presidente Sirio a culpado a grupos terroristas de Siria de ese hecho y advirito que de invadirlo esos grupos terroristas ubicados en Siria atacarian a Europa.

Y la verdad es que Al quada esta reclutando a los arabes de la fronteras para convertirlos en combatientes rebeldes quienes estan luchando en contra del regimen de Assad. Tambien se ha metido en la Guerra de Siria el grupo chiita mas grande de esa secta conocida como hezbolla. Asi es que chiitas estan ubicados en la parte noroeste de Siria y Al quada se mueve desde el sur oeste en busca de reclutar para ponerlos a combatir con los alzados rebeldes quienes no quieren al presidente Sirio ya en el poder politico de esa nacion arabe. De modo que las fuerzas internacionales aliadas concluyen con invadir se encontran como aliados a antiguos enmigos los cuales no son confiables para el desarollo de una Guerra convencional debido a su posicion de lucha armada que es el terrorismo.

LA POSIBLE INTERVENCION A SIRIA

A diferencia del presidente de color de los estados unidos, el congreso de la nacion Americana es la va a determinar en meterse Guerra con Siria. El congreso por el solo puede declarar la Guerra, asi es que los paises aliados: Francia y Inglaterra han determinado estudia mejor la situacion, j. kerry y Obama hallaron oportuno desarrollar la Guerra en Siria debido a un ataque quimico que posiblemente halla sido perpetrado por un grupo terrorista de Siria para culpar al gobierno de

Siria debido a que ellos son parte de los grupos rebeldes destacados en Siria. Por ejemplo esta el grupo al quaeda quienes de Estados Unidos y paises aliados intervenir a Siria, tendrian que tomarlos como alidados debido a forman parte de los grupos rebeldes. Donde esta la etica de desarrollar una Guerra teniendo de aliados a los terrorista a quienes han combatido sistematicamente o todo ha sido desarrollarle la Guerra a los arabes tomando como excusa cualquier situacion que se presente en el mundo arabe?-entiendo que ese petroleo pertenece a los pueblos arabes por si ese es el motivo de la intervencion. Los paises desarrollados deberian comprar el crudo de acuerdo a la oferta y la demanda del Mercado de ese producto-el abaratamiento no se logra atravez de la Guerra por si esa es la situacion. La resolucion de las inspecciones que esta realizando la ononu deberian ser tomadas en cuenta y no hacer la Guerra por encima de la resolucion de las naciones unidas esperando en Dios que sean fidelinas y creibles a luz del mundo. El sr. obama y j. kerry han tratado de hacerle una Guerra a siria tomando en cuenta las imagines televisivas de un ataque quimico en el cual esta implicado el gobierno de Siria y quieren aprovechar la oportunidad para declarar la Guerra. La verdad es que el ataque quimico fue inconvencional pero me parece que esto es una justificacion en la consecusion del petroleo y para doblegar y dominar al mundo arabe atravez de una fobia desarrollada por los aliados contra el mundo mulsuman por motivos injustificados o no en estos paises en conflicto y lo da la justificacion a los paises aliados mostrar su poderio para aplastarlos en la consecusion del petroleo el cual fue el motivo ultimo (a pesar del holocausto) de la segunda Guerra mundial.

EL PRESIDENTE DE LOS ESTADOS UNIDOS, MANIFIESTA QUE QUIERE INTERVENIR EN SIRIA,

Obama en un discurso televisado manifesto que quiere intervenir en siria; supuestamente por el ataque quimico, el cual dejo una secuela de muerte, especialmente de ninos segun las imagenes televisivas del asunto en question. Esto ha traido como consecuencia que Vladimir Puntin, presidente de Rusia manifestara que los EU aun no tiene pruebas para ser usadas por el consejo de segurida de las Naciones Unidas y llamo a la atencion a Obama de que se enfrente a la consecuencias en caso de atacar a Siria. El congreso de los E.U. esta de vacaciones hasta el mes de septiembre, 2013 y el presidente Obama tiene prisa de atacar con todo el riezgo que advertidamente tiene la intervencion militar en Siria.

Para la fecha de agosto 31, 2013, la naciones unidas no ha llegado a una resolucion hacerca del estudio que realizan sobre el ataque quimico cuyas imagenes estan siendo usadas para atacar a Siria, un pais exportador de Petroleo (no exporta desde el 2011) y que basa su economia en la agricultura.

Durante el tiempo Ganado para la intervencion, veremos que los los E,U, depende de un 80% del petroleo que se consume a nivel mundial. Antes dependia de un 40% y esto se se disparo a un 80% un poco mas de dos decadas. Las imagenes televisivas del ataque quimico en Siria serviria como excusa para atacar y para olvidar el principal objetivo el cual es el petroleo. Algo similar ocurrio en la segunda Guerra mundial con la entrada de Israel a la Guerra y hace que se recuerde el holocausto en vez de la razon principal de la Guerra lo cual fue el petroleo.

La tasa de cambio de los estados unidos en el exterior corresponde a un average que puede ser alterado, como resultado de su balanza de pagos-como y cuando sean las causas que lo determinen en el comercio o el capital involucrado en las inversiones en el exterior o en los gastos del estado como la Guerra y otros gastos como los pagos en efectivo en coneccion al exterior. Esto trae como resultado la devaluacion de la moneda en un pais a pesar de la moneda en metal o de papel moneda. Esto es nominal y es debido o representa con haber tenido mucho dinero anteriormente. Cuando la tasa de cambio es el average entre las naciones que tienen en plata o oro su sistema monetario y dependen de la fluctuacciones en valor de los dos metales.

Los E.U para el 20 de septiembre esta demostrando una debilidad monetaria con respecto al oro que se encuentra en los 1,300 la onza. La moneda norteamericana bajo de un 85% a mas o menos a un 60% en los mercados internacionales. Esto afecta el valor de la moneda y contribuye a la inflacion.

Tambien habria que determinar una escases del petroleo mundial en la posicion de los E.U. que consume el 80% del petroleo que se mueve a nivel mundial. Ante esa dependencia el petroleo, Siria no exporta petroleo desde el 2011 y tiene pozos de petroleo que emanan en la superficie terraquea. E.U, necesita tomar control del crudo en las regiones islamicas productores de petroleo y necesita una presencia politio-militar en los pueblos arabe, los cuales estan en conflicto con frecuencia, exeptuando a paises como Egipto que tenia alrededor de un siglo sin haber Guerra o intervencion alguna.

Notas; El Capital, tomo III by Karl Marx.

CIRCUNSTANCIAS NATURALES DE UNA INTERVENCION SIRIA

Siria esta al este y al norte de Babilonia y a la orilla del tigris. Sus habitantes eran mas guerreros que los babilonios quienes les vencieron y formaron una civilizacion. El apogeo en Siria duro desde el siglo X al VII antes de Jesucristo y a ellos se les debe los manificos edificios de palacios y templos como el ninive y khorsabad los que fueron erigidos por los reyes Sargon II, Asurbanipal y otros que en susecuentes campanas se apoderaron de todas las tierras comprendidas "entre el mediterraneo y el golfo persico, e incluso Egipto".

OBJETIVOS DE LA GUERRA O INTERVENCION EN SIRIA

Siria es un pais cuyo primer reglon de produccion es la agricultua, tambien es un pais petrelero que no exporta el petroleo desde el 2011. Para la fecha se encuentra en una Guerra civil de la cual la television proyecto imagenes anti-humanas o inconvensiolales por el ataque quimico que dejo mas de 1000 muertos. El gobierno de los E.U. ha tomado esto de mala manera y pregonan a travez de j. kerry y Obama una intervencion en Siria. Dicha intervencion esta en manos del congreso y los aliados entre ellos Francia y Inglaterra (aunque el primer ministro no cuenta con el apoyo congresional De los ingleses). El objetivo principal es el petroleo, abaratar el precio internacional aumentando su produccion y con la venta de armas lograr sus dividendos y como ojectivo la ejecusion de Asad y el establecimiento de la democracia en Siria.

LEYES DE UNA INTERVENCION O GUERRA EN SIRIA. existen en el mediterraneo Marines en capacidad de atacar a Siria. Obama quiere atacar basado en la armas quimicas y el hecho de bajas humanas que dejaron una masacre en una parte de la poblacion de Siria y proyectados por los medios de comunicacion, principamente por la television. El gobierno de Siria no acepto haber utilizado esas armas ahora entregadas a rusia para evitar la intervencion norteamericana. El gobierno encabezado por Obama quiere canalizar la intervencion no obstante tratar los medios diplomaticos. Todavia Inglaterra no esta segura de actuar como aliado. cosa contraria pasa con Francia quienes estan listos para intervenir a Siria. Alemania no esta tampoco segura de intervenir. Obama y el speaker del congreso han estado dispuesto a intervenir. Siria no exporta petroleo desde el 2011 y esto tambien influye en los precios internacionales del petroleo el cual es vital para los estados unidos para mover los camiones donde se transportan comestibles y otras mercancias que hacen posible el comercio y las alzas de los precios. El barril de petroleo esta mas o menos en 108.00 dolares lo que tambien afecta a la industria automovilistica de los Estados Unidos. Todo queda en manos de la diplomacia para el desarrollo de una posible intervencion en la Guerra que desarrollan los Sirios.

Los secretarios de Estado J. Kerry y el delegado ruso han estado reuniendose con el fin de que Siria detruya o ellos destruir las armas quimicas que tiene Siria. Estas armas para el mes de septiembre 14, 2013 estan en control del gobierno ruso quien ya coquetea con el gobierno norteamericano atravez de j. Kerry para invadir a Siria. Esta doble jugada de rusia debe el consejo de seguridad de la onu de tomala en cuenta, asi mismo deberia tomar en cuenta los esfuerzos que realiza Obama a travez de los medios de comunicacion para invadir a Siria. En caso de desarrollarse esta Guerra de intervencion seria una Guerra sucia la que podria suceder por las complicidades y las componendas para intervenir a Siria no matter what.
Antes los vientos de una intervencion militar los rebeldes ya an nombrado un cadidato politico destacado en turkia, esto despues de dos anos de Guerra civil y de una elecciones politicas en el proximo ano 2014, que ahora son inciertas.

Para el 18 de septiembre del 2013, Assad presidente de Siria agradecio a Rusia su apoyo en lo que concierne a la situacion de Siria y considero que Rusia esta creando un Nuevo equilibrio en el orden internacional.

Rusia se prepara para transportar las armas quimicas de Siria para destruirlas en sus instalaciones, segun un reporte de CNN el 19 de septiembre de 2013. El informe de CNN senala sobre un acontecimiento aislado en Egipto sobre una bomba que estallaron rebeldes en el Cairo.

En la busqueda de soluciones en el caso Sirio, la babilonia, Irak, un gobierno pro-norteamerica declaro que podria ser intermediario en la Guerra de Siria. Y la repuesta de Siria fue hacer una carta publica en relacion y explicando como va a ser la destruccion de las Armas Quimicas (una tarea que esta realizando Siria a travez de Rusia) Esta participacion de Irak en vez de buscar soluciones con sus esfuerzos de integrase a occidente, complica la situacion de Guerra y hasta provocaria una intervencion, tal y como ellos fueron intervenidos cuando Sadam Hussein. Y el problema fue que Kuwait estuvo vendiendo petroleo a menor precio y esto dislocaba lo precios del petroleo de la opep, asi que desde conversacion social de la reunion de la opep en Kuwait surgio la intervencion en Irak y la ejecucion de Sadam Hussein por este haber cometido el error estrategico de intervenir a Kuwait. El problema sigue siendo el mismo, los precios del petroleo, Siria dejo de exportar desde el 2011 y esto no pertenece a la opep y existe una situacion de Guerra en la que cualquier error podria provocar la intervencion armada.

RESOLUCION DE LA ONU: la onu no ha llegado a una resolucion de invadir a Siria despues del analisis quimico de las armas usadas y que elimino a mas de mil civiles y proyectado como un hecho calamitoso por los medios de comunicacion, principalmente las images proyectadas por los medios televisivos, las cuales son la excusa para intervenir a Siria. En una jugada de doble cara los rusos declararon dos semanas de plazo para que hacer que Siria destruya las armas quimicas; antes de que el caso pase al consejo de seguridad de las naciones unidas. Es una intervencion militar que requiere el presidente Obama como vocero de su gobierno, no habria que esperar si los aliados forman parte de la comision permanente de la ONU, ahora rusia actua con doble cara (a sabiendas que ellos forman parte de la Guerra de Siria con la venta de Armas al gobierno Sirio) lo que haria evidente una intervencion a Siria, por la aprovacion y resolucion del consejo de seguridad. La ONU hace mucho que esta comprometida con los paises de la commision permanete y estos paises son poco etico y poco creibles y rusia podria mostrar doble cara en las verdaderas causas de una intervecion a Siria. Sin embargo Rusia supone una conflagracion internacional si los E.U interviene Siria.

La ONU confirmo el uso de armas quimicas, en informe dado a prensa el 16 de septiembre del 2013. Este informe sobre armas quimicas va a ser pasado al concejo de seguridad sin las pruebas de donde surgio el ataque quimico y a sabiendas que las armas quimicas estan siendo destruidas pore rusia. J. kerry declaro que rusia estaria de acuerdo con una intervencion en el caso de las armas quimicas han sido usadas en este caso en Siria. Rusia declaro que nadie ha estado hablando de violencia alegando a la Guerra de Siria.

A mi juicio esta es una Guerra bien planeada despues de la Guerra de Egipto que derrumbo el gobierno de Mubarak y el surgimiento de un gobierno el cual fue derrocado y se establecio la Guerra de Egipto. Este pais tenia por lo menos un siglo paz. Asi que el caso Sirio complementan la Guerra de Irak, Sarajevo en el caso de yugoslavia, Libia, Egipto con el envio de dinero por los E.U a la junta militar Egipcia Afganistan hasta la deseada Guerra de Siria pais que comparte el mediterraneo con Egipto. Asi es que la resolucion de la ONU es llevar el caso de las armas quimicas al consejo de seguridad y que este organismo de la ONU lleve el caso a un tribunal internacional para que los culpables de estos hechos relacionados a las armas quimicas comulguen sus culpas en este hecho que esta requiriendo la destruccion de las armas quimicas por parte de Siria. Hasta ahora octubre 7.2013 la Guerra civil de Siria ha dejado 127,000 muertos, mientras que la diplomacia tratara de conciliar el estado de cosas reuniendose en ginebra. Assad niega haber desatado las armas quimicas, mientras que por ahora se mantienen los combates en la segunda ciudad Siria. La ONU comienza a movilizarse debido al estudio que realiza sobre las armas quimicas.

La ONU retornara a Siria dos semanas despues del 18 de septiembre del 2013 para completar el informe a atravez de una investigacion en Siria sobre las armas quimicas que no establece los culpables del ataque quimico a la poblacion civil Siria. Sin embargo Rusia da la cara a la problematica estableciendo las pruebas de que los rebeldes fueron los responsables del ataque quimico y se prepara para establecer las pruebas ante el consejo de segurida de la ONU una semana despues de la fecha de arriba. Los aliados estan un poco incoforme con el reporte de la ONU y el regreso de estos a Siria para no establecer responsabilidades del ataque quimico.

El presidente Obama en un discurso, el 24 de septiembre de 2013, en la 78 asamblea general de la ONU se refirio a varios temas como la busqueda de seguridad en Pakistan, kenia, palestina, iran y finamente Siria que fue la parte central de su discurso que va mas alla del ataque quimico y la dependencia de E.U. del petroleo. Tambien se refirio a la diplomacia como un tema academico y cultural.
Trato de convencer de un ataque militar a Siria, arguyendo el rol de intervencion de los E.U principalmente en los paises arabes.
A mi juicio la busqueda de la paz, como la Guerra dependende del rol que juega la diplomacia en el mundo civilizado de hoy, el desarrollo de la Guerra propone el progreso social de los pueblos, como tambien la busquea la paz. Palestina es un caso religioso que deberia ser tratado biblicamente porque los judios abandoron palestina, los arabes llegaron y desarrollaron todo lo hay en palestina, hasta que la ONU creo el estado judio de Israel, con la llegada de los judios al estado palestino. Los palestino fueron arrinconados en el lugar que ocupan en palestina, teniendo como capital al west bank, el cual es la manzana de la discordia entre judios y arabes. Y con realcion a Jerusalem era el punto de encuetro entre arabes y judios, donde se desarrollaba el comercio de ambos pueblos y los dos pueblos Vivian en relativa paz, puesto que Jerusalem era la capital de los dos pueblos.

E.U. pretende desactivar las armas, para intervenir a Iran y si asi es la busqueda de la paz y progreso de los pueblos hasta ese punto han llegado esa naciones, sabe dios porque. Asi es que el mundo desarrolla la carrera armamentista en la busqueda de la paz. Asi es que la posicion y la intencion de este discurso es intervenir a Siria en nombre de la paz y el progreso social de esa nacion. Asi que ese discurso intenta de convencer a la asamblea general de que asi sea.

La ONU tiene hasta el momento la busqueda de una resolucion en el caso Sirio y ya tendria que advertir en la agenda la posible intervencion en Kenia como una Guerra menor y la carrera armamentista nuclear de Iran. Existe una fobia en occidente en contra de los arabes. Esos pueblos se guian por la sharia y no hay leyes en occidente que los juzge; y ese es el caso de guantanamo donde estan recluido los presos arabes, encontrandose estos en un limbo legal. La cortes internacionales deberian desarrollar leyes concerniente a la sharia y el mundo occidental de los pueblos arabes.

Tambien se refirio a los extremistas, como al queda y la vardad es estos grupos deberian cambiar su metodo de lucha. Asi es finalmente y segun Obama los E.U tiene dos puntos de agenda: Palestina y desarrollo nuclear en Iran.

Despues de que la ONU realizara un estudio sobre el territorio Sirio, sostuvieron que la agencia de armas qimicas destruyeran las armas y pusieran un cese al fuego en Siria y fijaron el mes de junio, 2013 para llevar a cabo la destruccion de armas quimicas y un alto cese al fuego en Siria.

En las noticias del 18 de octubre del 2013, Arabia Saudita, ya como miembro del consejo de seguridad de la ONU se quejo ante el organismo de no regular la Guerra de Siria, enfatizando sobre los combates que se han estado desarrollado en Damascus.

Para la semana del 23 de octubre del 2013, se anucio sobre una nueva cumbre diplomatica en Ginebra de las partes del conflicto de Siria. Han habido combates Damascus y en otras regiones fronterizas de Siria. Mientras que el opositor al Gobierno Sirio-Basam-esta preparado para competir en las elecciones que se supone que Celebrara Siria en el 2014.

LAS EXPECTATIVAS DE LA ECONOMIA

Para octubre 29, 2013 las expectativas de la economia norteamericana estan basadas para algunos economistas norteamericanos en una posible recesion en los ciclos economicos que sufre la economia de la nacion Americana. Sin embargo las empresas estan compitiendo en los mercados que las grandes empresas han impuesto basadas en la competitividad de los monopolios.

De Nuevo aparece en los negocios de bienes raices Freddie and Fennie Mac quienes cubren con un gran capital para pagar a los bancos los prestamos de quienes compran casas en el Mercado de bienes raices.

De todos modos la economia deberia estar concentrada en la exportacion y la importacion de los productos agricolas y los productos manufactureros. Los mercados deberian abrirse un poco mas en la nacion para que los manufactureros exporten sus productos industriales. La tasa de desempleo hace poco estaba alrededor del 7% lo cual no es un indice tan malo. Pero lo que si parece estar ocurriendo en la economia es que la diferencia economica de la deuda no cubrira lo que esta pasando con los activos del deficit fiscal. El internarional trade y el debt limit.

Dentro de la recaudaciones fiscales que el congreso piensa aumentar de precio es lo relacionado con el Obamacare. Piensan establecer $63.00 dolares por el servicio a manera de impuesto.

Asi es que las expectativas economicas de la nacion estan por ahora basadas en esos argumentos y no han establecido una politica economica para la balanza de pagos caracterizada por la impotacion y la exportacion, un punto importantisimo en lo que concierne al restablecimiento de la economia norteamericana objectada aun por el deficit fiscal, el international trade y el debt limit.

EL BENCHMARK EN LA ECONOMIA

Finanlmente el gobierno atravez del banco del tesoro aprovo en bonos $85 billones de dolares a los industriales manufactureros; que entre varios porcentajes se mantiene estable en un average de 55%.

El benchmark o desgaste instrumental de las maquinas o utensilios de trabajo era de esperarse para que este sector que siempre va acompanado por una el pujante sector de la agricultura que parece no alcanzar los margenes del sector industrial manufacturero para ese sector equilibra la economia y restringe el problema de la inflacion. De esa manera la produccion sigue sobreproduciendo pero se mantiene de acuerdo al DJI de una manera estable en los 15.000. Asi los mercados de bonos regristrados en el S&P estan haciendo negocios que acaparan hasta los 10 anos con porcentajes un poco estable para la inversion.

En otro aspecto economico esta la moneda con el factor plata y patron oro y es que la economia de los estados unidos esta caractrizada por un debt limit y estan amparados basados en una nota de pago de papel moneda y esto ha convertido las economias mundiales en economia desigual debido a que las economias estan basadas en estos dos metales. Es decir que la globalizacion hay que susanarla con los metales, principalmente con el oro para que el comercio se realize de una manera sana ya que en Europa, Asia y el Caribe abundan los dolares y algunas economias mundiales pretenden que el dollar fluya y muchas veces devaluando la moneda para general mas turismo en sus naciones.

Asi es que en Europa ya existe esta situacion donde flujen las monedas sin ningun amparo del oro o la plata.

Esta situacion enferma la economia mundial que deberia volver el patron oro en vez de que monedas devualuadas saquen la Buena del Mercado, cuando deberia ser lo contrario de acuerdo a la ley economica de Grasham donde la moneda Buena saca la mala del Mercado. La paridad de la moneda internacional por los anos setenta y con relacion a los estados unidos que mantiene su moneda de acuerdo a la plata era de 3.50. Ahora un acuerdo de paises limito el valor del oro por los 3.000 en orden de limitar la inflacion internacional. Este asunto deberia revisarse antes de continuar con los planes de globalizacion y que Alemania se ocupe de sus asuntos internos y de sus aliados que no estan amparados por el Mercado Comun Europeo y su moneda que es el euro. El plan de globalizacion no se puede continuar basado en flujo de monedas en el Mercado, basado en papel moneda sin tener el respaldo en los metales como la oro y la plata, ahora que las economias pretenden expandirse atravez de la expotacion y la impotacion de sus productos. Ojala que halla un Mercado mas abierto en los estados unidos para que los manufactureros exporten un poco mas sus productos y que Europa y Asia puedan realizar Buenos negocios de importacion, esto le convendria bastante a los estados unidos tanto en el comercio nacional como en el internacional. Y hay que recordar brevemente que el benchmark en un europa esta caracterizado por un impuesto a la industria, mientras que en los estados unidos esta caracterizado en un subsidio economico. Y recordar tambien que las monedas deberian buscar su paridad basada en los metales en que las naciones basan sus monedas.

EUROPA Y LA ECONOMIA DESIGUAL

La economia desigual aparecio en Francia por una politica economica relacionada con los nuevos emigrantes que llegaban a la nacion. De esa manera Francia baso su economia en el Glamour y el Arte.

Esto resulto a que esa nacion emprendiera una economia desigual basada en el flujo de monedas extranjeras y de esa manera la funcion de la economia fue no metalica atendiendo a que con el flujo de monedas extranjeras que llegaban a su banco central respaldaba la circulacion monetaria sin la necesidad de usar el oro u otro metal con relacion a su economia desigual basada en la Glamour y el Arte. Alemania en estos ultimos tiempos esta copiando de la economia francesa en orden de fortalecer el marco con la moneda euro creada en la unificacion europea a la cual no pertenece Alemania. De modo que la economia Alemana en momentos actuales esta robustecida, mientras que en algunas economias donde circula el euro enfrentan serias crisis economicas. Tal es el caso de Grecia donde a esta nacion se le responsabilizo de la crisis de Europa cuando la crisis la ocasiono Inglaterra por falta de liquidez bancaria.

Alemania no entro en la unificacion europea a no ser bajo el tratado de Manstrich una nueva constitutcion europea que exponia la unificacion de europa. Asi que la economia nacional de Alemania se fortalece con el euro para realizar transaciones en la region y el mundo mientras que el marco sigue su curso como moneda nacional, siendo principalmente Francia su intermediario y aliado y que ha tenido como resultado el liderazgo economico de alemania en europa. Asi aparece Alemania como una nacion generosa con relacion al euro y con el flujo de otras monedas que circulan en europa basadas en la economia desigual en europa. Asi que ese flujo de divisas no escapa el dollar, moneda que necesita la compresion del mundo de como han tenido que manejarse desde el punto de vista del comercio internacional. El dollar abunda en europa, asia y el caribe y con ralacion a europa tienen la resena historica de que los rusos hallan creado esta moneda circulante en europa en los tiempos de la Guerra fria con los estados unidos. Concerniente a esto el dinero empezo a fluir en europa y la gente empezo a usarlo y a esta circulacion del dollar se le conocio como el eurodollar.

Solamente en China, en el banco de Shangai practica la economia desigual al igual que Francia que aplica esta inusual economia del glamour y el arte que solamente se estima en esa nacion europea y que su imitacion en europa ha dejado robustecida y con liderazgo la economia Alemana.

EL MELT UP Y LA ECONOMIA

Para noviembre, 4 del 2013, los negocios andan demasiado rapido y han acelerado la economia nortemericana y han dejado al banco central sin liquidez de pago.

Asi es que la transnacionales estan teniendo ganancias mas que perdidas lo que hace que el Mercado se acelere.

Las acciones en la compra de bonos reporto ganancias y el DJI se ha mantenido estable por los 15.000; el Mercado tecnologico con relacion a apple que el smart phone quieren declararlo obsoleto, por lo que habria que innovar el Mercado tecnologico. Las transnacionales y los invesionistas ven el Mercado con complacencia por que parece ser que la economia ha llegado a una fase de estabilidad de precios a pesar de la sobreproduccion en que esta la economia norteamericana y los Buenos negocios realizados hasta el melt up que ha ocacionado un problema de liquidez internacional en cuanto a la exportacion y la importacion.

La falta de liquidez de la Banca Central evita realizar transaciones por la absorcion de activos en el Mercado. Y desde ese punto de vista el melt up que se presenta en la economia norteamericana y que evita que el dinero circule a pesar de la aceleracion del Mercado, caracterizado por el deficit fiscal.

Sin embargo hay que senalar que ha habido una gran actividad exportadora y una gran importacion de oro, que ha dejado una balanza de pagos sin liquidez internacional. Esto tambien se debe a un deficit de divisas que no permite las transaciones economicas para la fecha del melt up que recuerda los hechos economicos que trascurrieron despues de la segunda Guerra mundial donde Gran Bretana y Japon quedaron practicamente sin divisas debido a la escazes. Internacional de divisas.

EL FMI Y LA ECONOMIA

El FMI recomendo que se baje el desempleo en lo mas minimo en la economia norteamericana. Los estados unidos tiene un desempleo para noviembre 5, 2013 de un 6,5% y una inflacion de 2.5%; y promete bajar el desempleo a un 6%.

En referencia al FMI es una intitucion creada por el Bretton Woods y por todos los paises del mundo al trascurrir la segunda Guerra mundial en 1944. Los objetivos del FMI es la paridad monetaria determinada por el patron oro y los dolares de estados unidos son fiijados por el precio del oro internacionalmente que en terminos de dolares de los estados unidos serian US$35 la onza troy (Este fue el precio fijado en 1973). Asi es que la circulacion monetaria interna de los paises miembros regulan la totalidad de reserves y esto tambien incluyes a las divisas convertible y es entonces que se define de forma neta la posicion crediticia del FMI. Asi es que el FMI esta por encima de las politicas monetaria, para influenciar en el desarrollo economico o mejor definido en el crecimiento economico.

En cuanto a la balanza de pagos internacional de los estados unidos se hace necesario un examen "elemental de su composicion, dinamica y sistema de equilirio" siempre y cuando lo determine el concepto.

ESTADOS UNIDOS Y EL PIB

Para el dia 9 del ano 2013, el crecimiento economico de los estados unidos se encontraba en 2.8% (a dos puntos para colocarse en un 3% porcentaje mas o menos normal en el crecimiento y la demanda de la clase media y para los salarios de $200.000 en adelante) y la economia estaba en desaceleracion economica. Existe en los estados unidos un deficit en la balanza de pagos relacionada a la exportacion y la importacion. El balance commercial depende de los productos en el exterior y la abilidad de verder en el Mercado interno de los estados unidos basada en la produccion en el extranjero lo que indica que las exportaciones y las importaciones estan siendo afectadas por una recesion-como la que esta sucediendo en algunos paises de europa, zona que ha bajado los intereses bancarios para llamar a la inversion. Asi es que la balanza general de mercancias afecta el empleo y a las industrias de importacion y exportacion, asi como tambien el valor del dollar que se paga en el extranjero y esto pasa al deficit. Esto indica tambien que mas dolares van al extranjero y indica tambien que mas dolares circulan relativamente con otras monedas y esto tambien indica que el dolar baja de valor. De modo que hay que felicitar a Apple por convertirse en la empresa mas importante y a twitter por su salida en merecado de valor, lo fue un exito de acuerdo al valor en las compras de acciones en el wall street. Esto indica que los monopolios estan haciendo una competencia perfecta y estan utilizando la publicidad para la promocion de sus productos en un Mercado caracterizado por la competencia perfecta que realizan las grandes empresas o monopolios empresariales. Tambien hay que hacer mencion a que Fannie mac y Freddy mac han cerrado la compra de prestamos en el Mercado de bienes raices al tiempo que la banca aumento los intereses bancarios.

PESIMISMO Y OPTIMISMO EN LA ECONOMIA NORTEAMERICANA

La actividad economica de las multinacionales ha conformado un optimismo y tambien cierto pesimismo en la economia de la nacion. La competividad en la competencia perfecta de estos monopolios ha estado tambien haciendo uso de la publicidad para promover sus productos.

El 14 de noviembre del 2013 Starbucks debia pagar $52,760 millones a la compania Kraft para resolver la distribucion del café. Hubo un arbitrio legal donde se desidio que kraft no distribuyera el café empacado a la cadena de supermercados. Por otra parte la general motors y para la misma fecha anucio que trasladaria su oficina de shanghai a singapur por considerar un triunfo para sus negocios el traslado de su central de negocios que tendra 120 empleados para supervisar la industria de autos en Africa, el sudeste asiatico, Autralia, Nueva Zelanda, India, Corea del Sur, el Oriente Medio asi como la fabricacion de los automoviles Chevrolet y Cadillac en Europa.

Tambien esta lucha de multinacionales ha tenido su lucha legal para la fecha y es la lucha de patenta valoradas en $1000 millones. Esta lucha legal fue entre la compania Apple y Samsung quienes tuviera el encuentro legal en la corte de san jose California por la fabricacion de los telefonos multiusos. La corte tendra que determinar cuando debe Samsung a Apple por "copiar caracteristicas importantes" de los telefonos Phone e Pad!. Mientras que Amazon y UPS acordaron entregar paquetes los domingos tras un acuerdo con el servicio postal de Estados Unidos-USPS.

Para noviembre 15 del 2013 y cambiando de tematica los pequenos negocios que conforman el 80% del merecado estan dispuestos a generar mas empleos a la economia la cual busca una expansion monetaria donde el congreso determino fondos para las operaciones del gobierno hasta el 15 de enero, teniendo el congreso hasta el 7 de febrero para "aumentar el limite de la deuda". Los pequenos comerciantes estan dispuestos a hacer contrataciones a pesar del seguro medico. El desempleo estaba en 8.1% y ahora se encuentra en el 7.3%.

Ante todo esto se juramento a Janet Yellen para dirigir la Reserva Federal, ella pretende enfrentar la inflacion y el desempleo, asi como reducir la compra de titulos de acuerdo a los bancos emisores quienes estan comprando titulos de propiedad.

UN NUEVO SISTEMA MONETARIO PARA AMERICA

Segun una noticia economica, aparecida en Londres, en el mes de septiembre del 2015, el sistema finaciero y economico de Norteamerica estara intervenido por el FMI, Para establecer en la nacion un Nuevo sistema monetario que implica una sustitucion del dollar por una nueva moneda. Esta medida financiera del FMI sera llevada a cabo en la media noche del 14 de octubre del 2015, segun la noticia aparecida en Londres (la medida fue aplicada el 20 de octubre del 2015).

La nacion amerericana esta sumergida para dicha fecha en una crisis economica y financiera, debido una estatica de la superproduccion que ya sentiendo en el cuerpo economico, con una caida en los precios de los articulos manufacteros.

La caida de los precios en los articulos manufactureros de ha sentido en el cierre gradual de comercios e industrias, lo que ya implica malos tiempos para la nacion donde los industriales que se queden estaran guardando las mejores mercancias para cuando llegen tiempos mejores.

Asi es que la deuda externa de la nacion asciende a un poco mas a los 18,000,300,000 mil trillones de dolares segun los ultimos datos financieros. De modo que el FMI tambien se prepara para intervenenir 114 naciones que tambien han adqurido deuda. Ya para concluir despues de este panorama economico que vive la nacion es que lo que implica un Nuevo sistema monetario es un cambio del dollar por otro sistema del valor monetario que se reflejara a mi juicio en la parida del dollar con el oro con la plata. La medida de valor dollar lo determina la plata con relacion al oro y esto determina tambien la medida monetaria nacional como internacional con relacion al comercio (y otras monedas) La paridad local o nacional esta en us $2.79 y la paridad internacional esta en estos momentos en us $4.27 lo que determina la tasa de cambio del dollar con otras monedas.

Nota: La paridad del dollar valorado, como sustento de valor en la plata con relacion al oro o otros metales-no va poder ser por la desaparicion de la plata como metal. Es decir que la plata se agoto en las minas-la plata dejo de existir como metal-ce fini en la existencia de este metal-finito-con todo lo que esto implica para las naciones que han tenido su paridad monetaria internacional en la plata como medida de valor monetario.

Nota: Se descubrieron en E.U, Japon y Canada minas de plata en el 2016 segun el instituto de la plata. Ahora la plata se esta aleando con el aluminio.

EL PANORAMA ECONOMICO DE LOS E.U.

CONCLUSION

El panorama economico de los Estados Unidos esta siendo visto con optimismo por los inversionista a pensar de la sobreproduccion. La Economia a pesar de todo tiene su pro y su contra y es que de caer la produccion nos llevaria a una depresion economica y su pro es que tambien nos podria llevar al progreso, si la politica economica aplicada por los politicos es exitosa.

Hasta el momento la politica economica es dirigida por lo que se conoce como el discovery act que consiste en conjunto de medidas economicas tendentes a la recuperacion economica de los Estados Unidos optadas despues de concluida la recesion de los anos 2007-2009-En el 2010 la economia pasa a lo se conoce como recovery que a pesar de algunas alzas y bajas se mantuvo hasta el 2012 y ya para el 2013 fue decretada la recesion por la cual estamos pasando y la cual tiene como base el ano 2013 y el ano 2015 como ano limite del ano base, aunque la recesion concluya antes de la planificacion economica realizada hasta el 2015. Las crisis economicas de los estados unidos casi siempre van acompanadas por la Guerra lo que genera un estado de economia y Guerra en la relaciones este-oeste. Ahora es Siria y Corea de Norte que se reflejan como Guerra mayores y otras guerras menores que se reflejen en el mundo contemporaneo.

Lo cierto es que los Estados Unidos necesita reestructurar su sistema economico por ejemplo solamente en este pais se conoce la sobreproduccion y da la casualidad que el congreso no tomo en cuenta el subsidio de los industriales despues de la depreciacion economica con los fines de controlar los indices inflacionarios en la nacion. El congreso opto por una politica monetaria economica congraciandose con el sistema bancario el cual dicho sea de paso no esta al dia con el 10% una practica economica bancaria que deviene del 1982.

El gobierno confia en una politica fiscal encaminada en bajar los impuestos, incrementar los gastos del gobierno y incrementar el gasto privado.

El gobierno confia en estas politicas economicas y medidas fiscales para estabilizar automaticamente a los Estados Unidos.

RAFAEL D.
588 PARK AVE.
BROOKLYN, N.Y. 11206
TEL 347-627-9945